Dieses Buch gehört:

Der Bücherbär
1. Klasse

Liebe Eltern,

jedes Kind ist anders. Manche Kinder kennen bereits alle Buchstaben in der Vorschule und können erste Wörter lesen. Andere Kinder lernen das Abc in der Schule. Für das spätere Leseverhalten ist es jedoch völlig unerheblich, wann die Kinder das Alphabet meistern. Wichtig aber ist der Spaß am Lesen – von Anfang an. Deshalb ist das Bücherbär-Erstleserprogramm konzeptionell auf die Fähigkeiten und Bedürfnisse der Kinder abgestimmt.

Dieses Buch richtet sich an Leseanfänger in der 1. Klasse. Die besonders übersichtlichen Leseeinheiten und kurzen Zeilen sind ideal zum Lesenlernen. Das Hervorheben der Sprechsilben in Dunkelblau/Hellblau hilft dabei, ein Wort richtig zu lesen und zu verstehen. So können Leseanfänger jede Sprechsilbe erkennen: Idee, Radio. Zusätzlich regen lustige Rätsel und Verständnisfragen zum Nachdenken und zum Gespräch über die Geschichten an. Denn Kinder, die viel Gelegenheit zum Sprechen haben, lernen auch schneller lesen.

Ihr Bücherbär

Empfohlen von *westermann*

Karin Müller

Ponygeschichten

Mit Bilder- und Leserätseln

Bilder von Anna-Lena Kühler

Arena

Karin Müller
liebt Tiere und Geschichten, seit sie denken kann.
Also hat sie irgendwann beides zu ihrem Beruf gemacht.
Sie lebt mit ihrer Familie und vielen Tieren
in einem kleinen Hexenhaus mit großem,
wildem Garten in der Nähe von Hannover.

Anna-Lena Kühler
wurde 1983 geboren und ist in der Nähe von Hannover
aufgewachsen. Studiert hat sie Kommunikationsdesign
mit dem Schwerpunkt Illustration in Wiesbaden.
Bei der Arbeit helfen ihr viele Figuren auf dem Schreibtisch
und für das Glück unterwegs hat sie immer eine Bastelei
ihrer Tochter dabei. In ihrem nächsten Leben möchte
sie eine Katze werden, um endlich genauso entspannt
zu sein, wie ihr Vorbild Bob Ross.

1. Auflage 2020
© Arena Verlag GmbH 2020
Rottendorfer Straße 16, D-97074 Würzburg
Einband- und Innenillustrationen: Anna-Lena Kühler
Gesamtherstellung: Westermann Druck Zwickau GmbH
Alle Rechte vorbehalten
ISBN 978-3-401-71568-1

Inhaltsverzeichnis

Das Monster in der Decke — 10

Der rosa Elefant — 19

Diebe im Stall — 28

Der Geist im Stroh — 36

Lösungen — 42

In diesen Geschichten spielen mit:

Bommel

Ella

die Reitlehrerin

Emmi

Lisa

Paul

Schwierige Wörter im Text:

Reitschule

Zauberzucker

Armbanduhr

Turnier

Futterkammer

Applaus

Das Monster in der Decke

Ella ist neu in der Reitschule.
Sie kennt niemanden,
aber sie hat ein Geschenk
von ihrer Mama dabei.
Ella hat Zauberzucker
in der Tasche.

Damit ist man mutig
und kann sehen,
was andere nicht sehen.
Mit Ella lernen noch Paul,
Lisa und Emmi reiten.
Im Stall hängt eine Liste.
„Ella, du hast Bommel",
sagt Lisa.

KIND — PONY
ELLA — BOMMEL
PAUL — POLDI
LISA — EFI
EMMI — LULU

„Oh, ist der süß!",
findet Ella und freut sich.

Die anderen Kinder
schütteln die Köpfe.
„Nein, der ist fies",
sagt Lisa.
Emmi und Paul nicken.
„Kann sein", sagt Ella nur.

Sie öffnet die Tür der Box.
Die anderen warten gespannt.
Bommel reißt das Maul auf
und fletscht die Zähne.
Alle Kinder rennen weg.
Ella bleibt stehen.
Sie packt
den Zauberzucker fester.

Ihr Herz klopft.
Ach so, Bommel gähnt nur!
Aber er will nicht aus der Box.
Was hat er nur?
Bommel starrt die Decke an,
die am Eingang hängt.
Ella nimmt den Zauberzucker
in die Hand.

Sie guckt noch mal hin.
Jetzt sieht sie,
was ihm Angst macht:
Da ist ein fieses Monster!
Ella muss Bommel retten!

Sie streut Zauberzucker
auf ihre Gerte.
Jetzt ist das ein Schwert!

Ella ruft: „Ha!",
und Bommel schnaubt.
Zusammen jagen sie
das Monster fort.

„Was machst du da, Ella?"
will Lisa wissen.
Ella zwinkert Bommel zu.

„Wir haben
ein Monster verjagt!",
erklärt sie Lisa stolz.
„Ach Ella, du spinnst",
sagt Lisa und lacht.

„Kann sein", sagt Ella fröhlich.
Der Rest ist ein Geheimnis
zwischen Bommel und ihr.

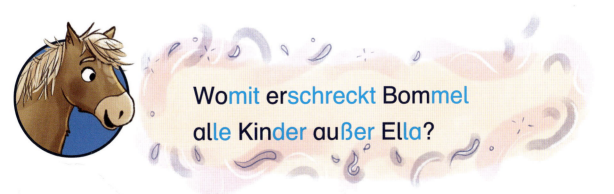

Womit erschreckt Bommel
alle Kinder außer Ella?

Welches Pferd ist hier nur einmal zu sehen? Kreise ein.

Der rosa Elefant

Im Reitstall findet heute
ein Turnier statt.
Alle Reiter zeigen,
was sie gelernt haben.
Ella und Bommel schauen zu
und verkaufen Lose.

TURNIER

In der Halle
sind Hindernisse aufgebaut.
Aber das erste Pony scheut.
Und auch alle anderen,
die danach dran sind.

Immer in derselben Ecke
werden die Ponys nervös!
Ella wundert sich.

Bommel macht große Augen
und will weglaufen.
Aber Ella hält ihn fest.
Alle laufen durcheinander.
Was ist denn da nur los?

„Die Ponys sehen
rosa Elefanten!",
schimpft die Reitlehrerin.

„So können wir nicht reiten",
sagt Lisa.
Paul und Emmi wollen
auch nicht runterfallen.
Zum Glück hat Ella
ihren Zauberzucker dabei.
Damit sieht sie,
was andere nicht sehen.

Ella pustet ihn in die Luft.
Da entdeckt sie
den rosa Elefanten.
Es stimmt wirklich!
Er sitzt traurig in der Ecke
und macht Musik.

Nur Ella und die Tiere
können ihn sehen und hören.
Ella geht hin und steckt
den Elefanten in die Tasche.
Alle machen große Augen.
Sie können den Elefanten
ja nicht hören oder sehen.

Ohne Zauberzucker
geht das nicht.
Aber die Ponys atmen auf.

Mit den Kindern meistern sie
ruhig und brav die Hindernisse.
Alle bekommen viel Applaus.

„Was war denn da los?",
fragt Lisa am Ende.
„Ein rosa Elefant", sagt Ella.
Bommel nickt.

„Ach Ella, du spinnst", sagt Lisa.
„Aber das war richtig gut."
Bommel wiehert.
Und Ella lacht: „Kann sein."

Was machen Ella und Bommel
auf dem Turnier?

Welches Pony findet den Weg durch den Garten?

Was findet das Pony auf seinem Weg?

Diebe im Stall

In der Reitschule
passieren seltsame Dinge!
Lisa findet ihre Ohrringe
nicht mehr.
Und die Armbanduhr
der Reitlehrerin ist weg.

Gibt es hier etwa einen Dieb?
Sogar Ellas bunter Stein
ist nicht mehr da.
Wer klaut wohl so was?
„Der ist ja gar nichts wert!",
sagt Lisa.

Ella ist trotzdem traurig.
Aber Bommel tröstet sie.

Die anderen Kinder
fürchten sich vor dem Pony.
Aber Ella hat Zauberzucker.
Damit sieht man,
was andere nicht sehen.
Daher weiß Ella,
dass ihr Bommel
nur oft Angst hat.

„Wartet. Ich nehme Elise!",
ruft die Reitlehrerin.
„Ich bin sofort zurück."
Elise ist ein neues Pony.
Lisa und Emmi stupsen sich an.
„Willst du Elise führen?",
fragen sie Ella.
Ella freut sich.

Sie hat nicht zugehört.
Das Pony kommt ein Stück mit.
Dann schnaubt Elise plötzlich
und schubst Ella in den Mist.
„Mist!", sagt Ella.
Die Kinder lachen.
Aber was glitzert denn da?
Die Mädchen schauen sich an.

Das ist doch die Uhr
der Reitlehrerin!

Vielleicht liegen noch mehr
Schätze im Mist?
Sie graben den Haufen um.
Aber da ist nichts.
Elise schüttelt den Kopf.
Wo schaut sie hin?

Ella zeigt nach oben.
Dort haben
die Elstern ihr Nest.
Das sind die Diebe!
„Gut gemacht!",
lobt die Reitlehrerin Ella.
Und Elise bekommt einen Zopf.
Jetzt kann sie besser sehen.

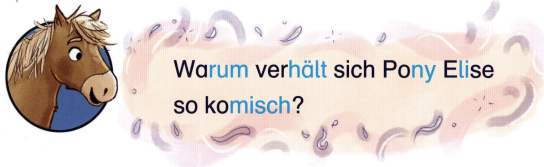

Warum verhält sich Pony Elise
so komisch?

Finde die folgenden Wörter und kreise sie ein:

HUF ELLA SATTEL BOMMEL FELL

```
B O H P S F
O M U K A B
M E F L T V
M T A Y T D
E X C W E Z
L F E L L A
```

Der Geist im Stroh

In der Futterkammer spukt es.
Das glauben
zumindest die Kinder.
Sie schicken Ella vor.
Die soll gucken,
was da so quietscht
und knarzt und raschelt.

Ella hat keine Angst.
Sie hat Zauberzucker dabei.
Damit ist man mutig
und kann sehen,
was andere nicht sehen.

Ganz hinten in der Ecke
unterm Stroh liegt die Katze.

Sie hat vier kleine Babys.
Oh, sind die süß!

Die Kinder kommen herein
und auch der Hofhund.
Das geht so nicht.
Bei dem Krach können
die Kleinen nicht schlafen.

Die Katze flüchtet
mit ihren Babys durchs Fenster.
Sie holt eins nach dem anderen
und trägt sie fort.
Die Kinder sind traurig.
Ella will allein sein.
Also geht sie zu Bommel.

Alle anderen
fürchten sich vor dem Pony.
Dabei ist Bommel
nur sehr ängstlich.
Es raschelt im Stroh.

Spukt es hier jetzt auch?
Das verraten wir nicht.

Wer ist der Geist
in der Futterkammer?

Welcher Weg führt zur Wiese?

Lösungen

Seite 17: Bommel erschreckt die anderen Kinder, weil er gähnt und so alle seine Zähne zeigt.

Seite 18:

Seite 26: Ella und Bommel verkaufen Lose.

Seite 27: Bommel findet auf seinem Weg HEU.

Seite 34: Pony Elise verhält sich komisch, weil sie wegen ihrer langen Mähne nicht richtig sehen kann.

Seite 35:

Seite 40: Was die Kinder für einen Geist halten, ist nur die Katze mit ihren Jungen.

Seite 41:

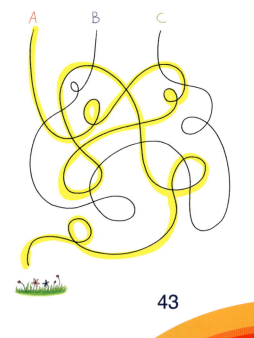

Der Bücherbär
1. Klasse

Themengeschichten mit Silbentrennung

Fußballgeschichten	Ponygeschichten	Monstergeschichten	Detektivgeschichten
978-3-401-71535-3	978-3-401-71568-1	978-3-401-71650-3	978-3-401-71651-0

Jeder Band: Ab 6 Jahren • *Themengeschichten mit Silbentrennung* • Durchgehend farbig illustriert • 48 Seiten • Gebunden • Format 17,5 x 24,6 cm

- Mit Bücherbärfigur am Lesebändchen
- Einfache Geschichten mit kurzen Zeilen
- Mit Silbentrennung
- Große Fibelschrift und Zeilentrennung nach Sinneinheiten
- Mit Bilder- und Leserätseln
- Viele farbige Bilder

Innenseite aus *»Erdbeerinchen Erdbeerfee – Lustige Zaubergeschichten«* ISBN 978-3-401-71360-1

Diese Reihe ist auf die Fähigkeiten von Leseanfängern abgestimmt: Übersichtliche Leseeinheiten und kurze Zeilen sind ideal zum Lesenlernen. Das Hervorheben der Sprechsilben hilft dabei, ein Wort richtig lesen und verstehen zu können.

Empfohlen von **westermann**